ねこと
毎日の英会話

清水建二
Kenji Shimizu

SOGO HOREI Publishing Co., Ltd

はじめに

近年、「ネコノミクス」という言葉まで生まれるほど、日本経済に大きな影響を与えてきたネコたち。そんなネコたちが潤してくれるのは、日本の経済だけでなく、私たちの心であると言えるでしょう。

実際、今この本を手にしているあなたも、ネコたちに癒やされたいという気持ちが、そうさせているのではないでしょうか。

本書は、そんなネコ好きな人のための英会話本ですが、単なる癒しのためだけの本ではありません。ネコの写真に癒されると同時に、楽しみながら英会話の基本を一から真面目に学習し直す、というのが本書のコンセプトです。

本書で取り上げた英文を何度も暗唱することで、自然な形で会話力を身に着けていくことができます。

また、**各例文にはネイティブの発音にできるだけ近い形でカタカナ表記をしました**ので、英語など、とうの昔に忘れてしまった人でも無理なく勉強できるように工夫しました。本書がみなさんの英会話楽習のきっかけになっていただけることを願ってやみません。

清水 建二

come

First come, first served!

早いもの勝ち！

1 **come** カム 来る

自分のいる所に「来る」だけでなく、相手がいる方向や、話題の中心に向かうことも表す。

Dinner's ready.
(ディナーズ レディー)
夕食の準備できたわよ

I'm coming.
(アイム カミン)
今行くニャン

Come and see me tomorrow.
(カマン スィーミー トゥモロウ)
明日遊びにおいでよ

I'd love to.
(アイ ラヴトゥ)
行きたいニャン

I'm scared.
(アイム スケアー)
怖いニャン

Come on! You can do it.
(カモーン ユーキャン ドゥーイッ)
どうしたの、できるよ

Key Words

dinner：〈名〉ディナー、食事、夕食　　scared：〈形〉怯えて、ビクビクして
ready：〈形〉用意ができて
tomorrow：〈副〉明日、将来

go

Easy come, easy go.

得やすいものは失いやすい

2　go　ゴウ　行く

「go to the sea（海に行く）」や「go swimming（泳ぎに行く）」のように、行先を表す語句とともに使う。

Are you going anywhere this weekend?
(アーユー　**ゴ**ウイン　エニウェア　ディス　ウィー**ケ**ン)
今週末はどこかへ行くニャ？

I'm thinking of going for a drive. Do you want to come?
(アイム　ス**ィ**ンキン　アヴ　**ゴ**ウイン　フォア　ドゥ**ラ**イヴ　ドゥユ　ワントゥ　**カ**ム)
ドライブに行こうと思っているんだけど、来ない？

Of course, yes. Where are we going?
(オフ**コ**ース　**イ**エス　ウェア　アーウィー　**ゴ**ウイン)
もちろん行くニャン、どこに行くの？

Do you have any places you want to go?
(ドゥ**ユ**　ハヴ　エニー　プレイス**ィ**ズ　ユーワントゥ　**ゴ**ウ)
行きたいところはある？

I want to go to Izu Peninsula.
(**ア**イ　ワントゥ　ゴウ　トゥ　**イ**ズ　ペ**ニ**ンサラ)
伊豆半島に行きたいニャ

Key Words

weekend：〈名〉週末
anywhere：〈副〉どこかに
I'm thinking of ~ing：〈熟〉~しようと思っている
go for a drive：〈熟〉ドライブに行く
want to~：〈熟〉~したい
peninsula：〈名〉半島

eat

Eat, drink, and be merry!

食べて飲んで楽しくやろう！

3 eat イートゥ 食べる

食べる行為を強調する場合に使う。be eating の形で「悩ます」の意味で使うこともある。

What do you usually eat for lunch?
(ワッ ドゥユ ユージュアリー イー フォー ランチ)
普段、昼食に食べるものは？

I eat fish, of course.
(アイー フィッショフコース)
もちろん、魚ニャ

How do you like your fish?
(ハウ ドゥユ ライキョア フィッシュ)
魚はどういうふうに食べるの？

I eat my fish raw.
(アイー マイ フィッシュ ロー)
生で食べるニャン

What's wrong?
(ワッツ ロン)
どうしたの？

Nothing.
(ナッスィン)
ニャンでもないよ

Come on, what's eating you?
(カモーン ワッツ イーディンユー)
ねぇ、何を悩んでるの？

Key Words

usually：〈副〉通常、一般に
lunch：〈名〉昼食、軽食
of course：〈熟〉もちろん
fish：〈名〉魚、魚肉
raw：〈形〉生の、調理していない

get

I want to **get** married.

結婚したいな

4　**get**　ゲットゥ　取る、得る

自ら積極的に得る場合、受動的に得る場合、ともに使うことができる。

How far did you get with your work?
(ハウ　**ファー**　ディジュ　**ゲッ**　ウィズ　ヨア　**ワーク**)
仕事はどこまで進んでる？

I'm almost done.
(アイム　**オール**モウス　ダン)
あともう少しで終わるニャン

What time do you get up every morning?
(ワッタイム　ドゥユ　ゲ**タップ**　エヴリ　モーニン)
毎朝、何時に起きるの？

I usually get up at 10.
(アイ　**ユー**ジュアリー　ゲ**ダッ**プ　アッ　**テン**)
たいてい、10時に起きるニャン

Shall I get you something to drink?
(シャライ　**ゲッ**チュー　**サム**スィン　トゥ　ドゥ**リン**)
何か飲み物をもって来ましょうか？

That's very nice of you.
(**ザッツ**　**ヴェ**リー　ナイス　オヴ　ユー)
ありがとニャン

Key Words

How far：〈熟〉どのくらい、どの程度
almost：〈副〉ほとんど
done：〈動〉do(する)の過去分詞形
get up：〈熟〉起床する、立ち上がる

Shall I：〈熟〉～ましょうか？
That's very nice of you.
：〈熟〉ありがとうございます

catch

Catch me later.

また後でね

5 catch キャッチ つかむ、捕まえる

動いているものや、動く可能性のあるものを意図的に、または偶然につかむことを表す。

You look pale.
(ユー ルッ ペィウ)
顔色が悪いよ

It seems I've caught a cold.
(イッスィームズ アイヴ コータコウルドゥ)
風邪を引いたみたいニャン

That's too bad. You should see a doctor.
(ザッツ トゥーバー ユーシュッ スィーア ダクター)
それはお気の毒。医者に診てもらったほうがいいよ。

Yeah, maybe, I should.
(イエア メイビー アイ シュッ)
うん、たぶんそうするニャン

What shall we do next?
(ワッシャル ウィー ドゥー ネクス)
次、何しようか？

Let's play catch outside.
(レッツ プレイ キャッチ アウサイ)
外でキャッチボールをしようニャン

Key Words

catch a cold：〈熟〉風邪をひく
doctor：〈名〉医者、博士
maybe：〈副〉たぶん、もしかしたら
next：〈形〉次の、翌
outside：〈副〉外で

jump

Don't jump to conclusions.

早合点しないように

6 jump ジャンプ 跳ぶ

飛び越える動きだけでなく、素早さも暗示する語。飛び跳ねたときの音から生まれた。

Did you make it?
(ディジュー メイキッ)
間に合った？

Yes, I jumped on the bus just on time.
(イエス アイ ジャンプタンザバス ジャスタン タイム)
うん、ちょうどバスに飛び乗れたニャン

Do you do anything good for your health?
(ドゥユ ドゥー エニスィン グッ フォーヨア ヘルス)
健康にいいこと何かしてるかニャ？

No, I don't do anything special. How about you?
(ノウ アイドゥン ドゥ エニスィン スペシャル ハウアバウチュー)
いや、特にないよ。君は？

Well, I jump rope every day.
(ウェル アイ ジャンプロウプ エヴリ デイ)
毎日、縄跳びをしてるニャン

Key Words

on time：〈熟〉時間通りに
anything：〈名〉何か
health：〈名〉健康

jump rope：〈熟〉縄跳びをする
how about~?：〈熟〉～はどうですか
every day：〈副〉毎日

watch

Watch my suitcase.

スーツケース見てて

7 watch　ワッチ　見る

動いているものや、動く可能性のあるものを、じっと見る様子。

Watch for cars when you cross the street.
(ワッチ フォー カーズ ウェン ユー クロス ザ ストゥリー)
通りを渡るときは車に注意してね

OK, I will.
(オウケイ アイ ウィル)
わかったニャン

Watch out!
(ワッチャウッ)
危ない！

What's your hobby?
(ワッツ ヨア ハビー)
趣味は何？

My hobby is <u>watching</u> baseball games on TV.
(マイ ハービーズ ワッチン ベイスボーゲイムズ アンティーヴィー)
テレビで野球の試合を見ることニャン

What's your favorite baseball team?
(ワッチョア フェイヴァリッ ベイスボーティーム)
ひいきの野球チームはどこ？

Tigers, of course.
(タイガーズ オフ コース)
もちろん、タイガースだニャン

Key Words

watch for~：〈熟〉～に注意する　　favorite：〈形〉大好きな、お気に入りの
Watch out!：〈熟〉気をつけろ、危ない
hobby：〈名〉趣味

feel

I know how you feel.

気持ちはわかるよ

8 **feel** フィール 感じる

肌で感じたり、手で触れたりして感じるだけでなく、頭の中で感じること。

How about going for a drink?
(ハウアバウ ゴウイン フォア ドゥ**リンク**)
飲みに行かない？

Well, I don't feel like it.
(ウェル アイドウン **フィー**ライキッ)
ううん、そういう気分じゃないニャン

Then, how about eating out?
(ゼン **ハウアバウ イー**ティン**ガウ**)
じゃあ、外食はどう？

How are you feeling?
(ハウアーユー **フィー**リン)
具合はどう？

I feel better now.
(アイ フィール **ベ**ダー ナウ)
気分がよくなったニャン

That's good to hear.
(**ザッ**ツ グッ トゥー ヒア)
それは良かった

Key Words

go for a drink：〈熟〉飲みに行く
feel like~：〈熟〉〜したい、〜の気分
eat out：〈熟〉外食する
well：〈間〉さて、そうね、それで
then：〈副〉それなら、さらに、じゃあ

cry

I won't cry anymore.

もう泣かない

9	**cry**	クライ	鳴く、泣く、叫ぶ
	涙を流す、流さないに関係なく、「泣く」ことを表す。単に大声で叫ぶことも「cry」で表す。		

Why are you crying?
(ワイ アーユー クライン)
なんで鳴いているの？

Because I'm hungry.
(ビコーズ アイム ハングリー)
だって、おなかが空いてるニャン

Sorry, I'll bring you something.
(サーリー アイル ブリンギュー サムスィン)
ごめんね、何か持ってくるよ

How do cats cry?
(ハウ ドゥー キャッツ クライ)
ねこはどうやって鳴くの？

We meow in English.
(ウィー ミャウ イニングリッシュ)
英語ではミャウだニャン

How do cats cry in Japanese?
(ハウ ドゥー キャッツ クラーイン ジャパニーズ)
日本語ではどうやって鳴くの？

Key Words

because：〈接〉なぜなら、というのは
hungry：〈形〉お腹が空いた
bring：〈動〉持ってくる、連れてくる
meow：〈名〉ニャーと鳴く、ねこの鳴き声

sleep

Sleep well.

ゆっくりおやすみなさい

10 **sleep** スリープ 眠る

眠っている状態を表す動詞で、「何時に寝たか」は「What time did you sleep?」とは表現しない。

What's wrong? Are you sleepy?
(ワッツ ロン アーユー スリーピー)
どうしたの？ 眠いの？

Yeah, I didn't sleep at all last night.
(イエア アイディドゥン スリーパドール ラスナイ)
うん。昨夜、全然眠れなかったニャ

How many hours do you sleep each day?
(ハウメニ アウアーズ ドゥユ スリープ イーチ デイ)
毎日、何時間眠るの？

Maybe 20 hours.
(メイビー トゥウェンティ アウアーズ)
たぶん、20時間かニャン

Did you sleep well last night?
(ディジュ スリープ ウェル ラスナイ)
昨夜はよく眠れた？

Yeah, I slept very soundly.
(イエア アイ スレプ ヴェリ サウンドゥリー)
うん、ぐっすり眠れたニャン

Key Words

wrong：〈形〉悪い、間違った
sleepy：〈形〉眠い
not ~ at all：〈熟〉少しも、全然~でない
how many ~：〈熟〉いくつの~
maybe：〈副〉たぶん、もしかしたら
well：〈副〉よく、十分
soundly：〈副〉ぐっすりと

like

Do as you like.

好きなようにしなさい

11 | **like** | ライク | 好きである

「好き」という意味の最も一般的な動詞。改まった場面では、「would like 〜」の形で使う。

Would you like some milk?
(ウッジュ ライク サム ミウク)
ミルクを飲みますか？

Yes, please.
(イエス プリーズ)
はい、お願いするニャン

Which do you like better, meat or fish?
(ウィッチ ドゥユ ライク ベダー ミートア フィッシュ)
肉と魚のどちらが好き？

It depends.
(イッ ディペンヅ)
時と場合によるニャン

How would you like your steak?
(ハウ ウッジュライク ユア ステイク)
ステーキはどう焼きますか？

I'd like my steak rare.
(アイライク マイステイク レア)
生焼けがいいニャン

Key Words

milk：〈名〉牛乳(ミルク)、母乳
meat：〈名〉 肉、果肉
It depends.：〈熟〉時と場合による
steak：〈名〉ステーキ
rare：〈形〉生焼けの

fall

You will fall! You will fall!

危ないよ、落ちちゃうよ

12 **fall**　フォール　落ちる

上から下への移動、「落ちる」「下がる」「倒れる」の意味で使う。

What's new?
(ワッツ　ニュー)
何か変わったことある？

Guess what? I fell in love with Mary.
(ゲスワッ　アイ　フェリンラヴ　ウィズ　メアリー)
あのね、何だと思う？　メアリーに恋しちゃったニャン

What happened to you?
(ワッ　ハプン　トゥーユー)
何があったの？

I fell down the stairs.
(アイ　フェルダウン　ザステアーズ)
階段から落ちたニャン

When is your birthday?
(ウェン　イズユア　バースデイ)
誕生日はいつ？

It's May 10. It falls on a Sunday this year.
(イッツ　メイ　テンス　イッ　フォールズ　アナサンデイ　ディス　イヤー)
5月10日。今年は日曜日にあたるニャン

Key Words

Guess what?：〈熟〉何だと思う、あのね
fall in love：〈熟〉恋に落ちる
fall down：〈熟〉転ぶ
happen：〈動〉起こる、生じる
birthday：〈名〉誕生日

walk

I can't walk any further.

もう歩けない

13 **walk** ウォーク 歩く

「歩く」「散歩する」という意味の他に、「散歩させる」という意味もある。

Shall we go anywhere after dinner?
(シャウウィ ゴウ エニウェア アフター ディナー)
夕食のあと、どこかに行くニャ？

How about walking on the beach?
(ハウバウ ウォーキン アンザビーチ)
ビーチの散歩はどう？

Sounds great.
(サウンズ グレイ)
それはいいニャン

How long will it take to walk there?
(ハウロン ウィルイッテイク トゥウォーク ゼア)
そこまで歩いてどれくらい？

About 10 minutes.
(アバウ テン ミニッ)
10分くらいニャン

That's too far.
(ザッツ トゥー ファー)
遠すぎる〜

Key Words

sound ~ :〈動〉〜に聞こえる、〜に見える
take ~ :〈動〉〜かかる、〜を必要とする
about ~ :〈前〉およそ〜、〜ごろ(に)
minute :〈名〉分
too ~ :〈副〉あまりにも〜
far :〈形〉遠い

stand

Stand still!

じっとしてて！

14 **stand** | スタンドゥ | 立つ

自らの意思で「立つ」だけでなく、建物が「建っている」状態も表す。

How long can you keep standing on two feet?
(ハウロン キャニュー キープ スタンディン アン トゥーフィー)
2本足でどれくらい立っていられる？

Just a few seconds.
(ジャスタ フューセカンヅ)
数秒だけニャン

Where is the church?
(ウェアー イズ ザチャーチ)
教会はどこにあるの？

It stands on the hill.
(イッ スタンズ オンザヒル)
丘の上にあるニャン

How tall is the tower?
(ハウトール イズ ザタウアー)
そのタワーの高さはどれくらい？

It stands over 600 meters.
(イッ スタンズ オウヴァー スィックス ハンドゥレッ ミーターズ)
600メートル以上だニャン

Key Words

feet：〈名〉foot(足)の複数形
a few~：〈熟〉少しの~、2・3の~
second：〈名〉秒
church：〈名〉教会
hill：〈名〉丘、小山、坂道
over：〈前〉~以上

sit

Sit up straight!

(背中を伸ばして)きちんと座りなさい!

15 sit スィットゥ 座る

「Sit down.」という表現は、先生が生徒に向かって、「座りなさい」と伝えるニュアンスになる。

Do you mind if I sit here?
(ドゥユ マイニフアイ スィッ ヒア)
ここに座ってもいいですか

Of course not.
(オフ コース ナッ)
もちろんニャン

Is anyone sitting here?
(イズ エニワン スィッティン ヒア)
誰かここに座っていますか

No, I don't think so.
(ノウ アイドウン スィンクソウ)
いや、座ってないと思うニャン

Can I sit here?
(キャナイ スィッ ヒアー)
ここに座ってもいい？

I'm sorry, you can't.
(アイム サーリー ユー キャーン)
ごめんニャさい、だめニャン

Key Words

Do you mind if I ~?：〈熟〉〜してもいいですか(本来は、「もし私が〜したら、あなたは気にしますか」の意味で、承諾する場合は、「気にしない」ので、Of course not.のように、否定で応じる

anyone：〈名〉(疑問文や否定文で)誰か、誰も〜ない

give

Give me a break.

かんべんしてよ

16 give ギヴ 与える

「give+人+物」「give+物+to+人」で「人に物をあげる」という意味になる。

Why don't you give up?
(ワイ ドウンチュー ギヴアッ)
諦めが悪いね

No, I'll never give up.
(ノウ アイル ネヴァ ギヴアッ)
うん、絶対に諦めないニャン

What did you give Mary for her birthday?
(ワッ ディジュー ギヴ メアリー フォーハーバースデイ)
メアリーの誕生日に何をあげたの？

I gave her a red ribbon.
(アイ ゲイヴハー ア レッ リボン)
赤いリボンをあげたニャン

Please give my best regards to your family.
(プリーズ ギヴマイ ベスリガーズ トゥーヨア ファミリー)
ご家族によろしく伝えてね

OK, I will.
(オウケイ アイ ウィル)
わかったニャン

Key Words
never：〈副〉決して～ない、一度も～しない
give up：〈熟〉あきらめる
red：〈形〉赤い
ribbon：〈名〉リボン
give one's best regards to ～：〈熟〉～によろしくと伝える

bring

I'll bring it.

持ってくるよ

17 **bring** ブリング 持ってくる

自分の所に持ってくるだけでなく、相手のいる所や話題の中心に向かって、持って行く意味がある。

Can I bring my wife to the party?
(キャナイ ブリン マイワイフ トゥーザパーティー)
パーティーに妻を連れて行ってもいい？

Of course.
(オフコース)
もちろんだニャン

What shall I bring to the party?
(ワッ シャライ ブリン トゥーザ パーティー)
パーティーに何を持ってくればいい？

Just bring yourself.
(ジャス ブリン ユアセルフ)
手ぶらでいいニャン

What brought you to Japan?
(ワッ ブローチュー トゥージャパン)
どうして日本に来たの？

To meet my Japanese friends.
(トゥー ミー マイ ジャパニーズ フレンヅ)
日本の友達に会いに来たニャン

Key Words

wife：〈名〉妻、主婦
Just bring yourself.：〈熟〉手ぶらで来て
What brought you to~?：〈熟〉どうして~に来たのですか
(本来は「何があなたを~に連れてきたのですか」の意味から)

break

Don't break your promise.

約束を破らないでよ

18 **break** ブレイク 壊す

コーヒーブレイク (coffee break) は、それまでの仕事を中断して取る休憩のこと。

Let's break for coffee.
(レッツ ブレイク フォー カフィー)
一休みしてコーヒーを飲もう

That's a good idea.
(ザッツァ グッ アイディア)
それはいい考えニャン

Why are you late this morning?
(ワイ アーユー レイ ディスモーニン)
今朝はどうして遅刻したの？

My car broke down on my way to school.
(マイカー ブロウク ダウン アンマイウェイ トゥ スクール)
学校に来る途中、車が故障したニャン

Can you break a hundred-dollar bill?
(キャニュ ブレイカ ハンドゥレッ ダラー ビル)
100ドル札くずしてくれる？

Sorry, I have no money with me.
(サーリー アイハヴ ノウマニ ウィズミー)
ごめん、今お金をもってないニャン

Key Words

idea：〈名〉考え
this morning：〈副〉今朝
break down：〈熟〉故障する
bill：〈名〉紙幣

push

Don't push your luck.

調子に乗らないでよ

19 push プッシュ 押す

自分と反対側の方向へ物を移動させる（押す）こと。
気持ちを押す意味も含む。

You must be tired.
(ユー マスビー タイアー)
疲れてるね

Yeah, I've been working all day.
(イエア アイヴベン ワーキン オールデイ)
うん、一日中働いているからニャン

Don't push yourself too hard.
(ドウン プッシュ ヨアセルフ トゥーハー)
無理しないでね

Thanks.
(サンクス)
ありがとニャン

How did you get into the room?
(ハウ ディジュ ゲッティントゥ ザルーム)
どうやって部屋に入ったの？

I pushed the door open.
(アイ プッシュ ザドア オウブン)
ドアを押し開けたニャン

Will you help me push the cart?
(ウィルユ ヘウプミ プッシュ ザカー)
カートを運ぶのを手伝ってくれますか

Sure. Where are we talking it?
(シュア ウェアーウィ テイキンイッ)
いいニャ。どこまで運ぶのかニャ？

Key Words

tired：〈形〉疲れた
work：〈名〉仕事、勉強
get into~：〈熟〉〜に入る
hard：〈副〉過度に、熱心に
room：〈名〉部屋
help：〈動〉手伝う
cart：〈名〉カート

pull

Pull yourself together!

しっかりしてよ！

20 pull　プル　引く

押す (push) と反対の意味で、「pull out~」なら「引き出す」、「pull down ~」なら「引き下ろす」となる。

You must be pulling my leg.
(ユー　マスビー　プリン　マイレッグ)
からかっているんでしょ

No, I'm serious.
(ノウ　アイム　スィアリアス)
いや、まじニャン

What's the matter?
(ワッツ　ザマター)
どうしたの？

I have a toothache.
(アイ　ハヴァ　トゥーセイク)
歯が痛いニャン

Did you go to the dentist?
(ディジュ　ゴウ　トゥーザ　デンティス)
歯医者に行ったの？

Yeah, I've just had my bad tooth pulled out.
(イエア　アイヴ　ジャス　ハッ　マイトゥース　ブルダウ)
うん、たった今、虫歯を抜いてもらったニャン

Key Words

serious：〈形〉真面目な、真剣な
What's the matter?
：〈熟〉どうしたのですか
toothache：〈名〉歯痛
dentist：〈名〉歯科医
pull out ~
：〈熟〉引き抜く、引き出す

climb

Go climb a tree!

あっちへ行け！

21 climb クライム 登る

手足を使って「よじ登る」「這い登る」こと。

Did you see Kitty?
(ディジュー スィー キティー)
キティーを見かけた？

I saw her climbing down the roof just now.
(アイソーハー クライミン ダウン ザルーフ ジャスナウ)
たった今、屋根から降りてきているのを見たニャン

Can you climb this tall tree?
(キャニュ クライム ディス トール トゥリー)
この高い木に登れますか？

Yeah, of course, I can.
(イエア オフコース アイキャン)
うん、もちろんできるニャン

Have you ever climbed Mt. Fuji?
(ハヴユ エヴァ クライム マウン フジ)
富士山に登ったことある？

No, I never have.
(ノウ アイ ネヴァー ハヴ)
いや、一度もないニャン

Key Words
climb down：〈熟〉(手足を使って)降りる　tall：〈形〉背の高い
roof：〈名〉屋上、屋根　　　　　　　　　tree：〈名〉木、樹木
just now：〈副〉たった今

wash

Wash the kitten clean.

その子ネコをきれいに洗ってあげてね

22 wash ウオッシュ 洗う

「wash one's hands」は「手を洗う」、「I want to wash my hands.」は「トイレはどこ？」の意味になる。

Do you help your mother at home?
(ドゥユ ヘゥプ ヨアマザー アッ ホウム)
家でお母さんの手伝いをする？

Yes, I wash the dishes after dinner.
(イエス アイ ワッシュ ザディッシズ アフター ディナー)
はい、夕食後に食器洗いをするニャン

Where can I wash my hands?
(ウェア キャナイ ワッシュ マイハンズ)
手はどこで洗えますか？

The restroom is just next to the door.
(ザ レストゥルーム イズ ジャスト ネクストゥー ザドア)
洗面所はドアのすぐ隣にあるニャン

Wash your hands before eating.
(ワッショアハンズ ビフォー イーティン)
食事の前に手を洗いなさい

I know that.
(アイ ノウ ザッ)
わかってるニャン

Key Words

at home：〈熟〉家で
dish：〈名〉大皿、料理
restroom：〈名〉化粧室、トイレ、洗面所
next to ~：〈熟〉~の隣に
before ~：〈前〉~の前に

lie

Don't lie to me.

うそつくなよ

23 lie ライ 横になる、うそをつく

「横になる」「うそをつく」の2つの意味を持つ動詞で、~ing形はともに「lying」。

What are you doing?
(ワッターユー ドゥーイン)
今何しているの？

I'm lying on the sofa.
(アイム ライン アンザ ソウファー)
ソファに横になっているニャン

Did you spend all that money?
(ディジュ スペン オール ザッ マニ)
あのお金全部使ったの？

No, it's lying in the bank.
(ノウ イッツ ラインザバンク)
いや、銀行で眠っているニャン

You're lying, aren't you?
(ユア ライン アーンチュー)
うそついているでしょ？

No, I'm not lying.
(ノウ アイム ナッ ライン)
いや、うそついてないニャン

Key Words

sofa：〈名〉ソファ、長椅子
spend：〈動〉使う、費やす
bank：〈名〉銀行、堤防

wear

Wear the seatbelt.

シートベルトをして

24 wear

ウェアー　着る、身に着ける

「身に着けている」という状態を表す語で、「着る」という動作を表すときは、「put on~」を使う。

I can't decide what to wear to the concert.
(アイ キャーン ディ サイ ワットゥー ウェア トゥーザ コンサー)
コンサートに何を着て行ったらいいか決められない

How about this jacket?
(ハウバウ ディス ジャケッ)
このジャケットはどうかニャ？

That's a nice sweater you're wearing!
(ザッツァ ナイス ウェダー ユア ウェアリン)
素敵なセーターを着ていますね

It's nice of you to say so.
(イッツ ナイソヴユー トゥー セイソウ)
そう言ってくれてありがとうニャン

It would go well with a brown skirt.
(イッ ウッ ゴウ ウェウ ウィザ ブラウン スカー)
そのセーターには茶色のスカートが似合いそうですね

It sure would.
(イッ シュア ウッ)
確かに

Key Words

decide：〈動〉決定する、決心する
jacket：〈名〉上着、ジャケット
nice：〈形〉魅力ある、かわいい
sweater：〈名〉セーター、汗かきの人

say：〈動〉言う、話す
It's nice of you to ~
：〈熟〉~してくれてありがとう

ride

I'm riding on my father's shoulders.

お父さんに肩車してもらってるの

25 ride （ライドゥ） 乗る

馬や乗り物に乗ること。「馬に乗る」は「ride a horse」「ride on a horse」ともに OK。

How do you go to school?
(ハウ ドゥ ユー ゴウ トゥー ス**クー**ル)
学校までどうやって行きますか

I ride to school on a bike.
(アイ **ライ**トゥー ス**クー**アナ**バ**イク)
自転車に乗って学校に行くニャン

Why don't we ride the roller coaster?
(**ワ**イ ドゥン ウィ **ライ**ザ **ロ**ウラーコウスター)
ジェットコースターに乗らない？

No way!
(ノウ **ウェ**イ)
冗談じゃないニャン

Why are you so timid?
(**ワ**イ アー ユー ソウ **ティ**ミッ)
なんでそんなに臆病なの？

I have a fear of heights.
(アイ ハヴァ **フィ**アーヴ **ハ**イツ)
高所恐怖症だニャン

Key Words

school：〈名〉学校
roller coaster：〈名〉ジェットコースター
fear：〈名〉恐怖、心配

No way!
：〈熟〉いやだ、とんでもない、冗談でしょ
timid：〈形〉臆病な

play

Let's play cards.

トランプをしよう

26 play　プレイ　遊ぶ

スポーツをする、楽器を弾くという意味で使うことが多い。その際、楽器には「the」をつける。

What did you do in the park?
(ワッ ディジュー ドゥー インザパーク)
公園で何をしたの？

We played soccer.
(ウィー プレイ サッカ)
サッカーをしたニャン

Do you play any musical instruments?
(ドゥユ プレイ エニ ミューズィカル インストゥルメン)
何か楽器を弾く？

I play the piano.
(アイ プレイ ザピアノウ)
ピアノを弾くニャン

How long have you been playing it?
(ハウロン ハヴユ ベン プレイニッ)
どれくらい弾いてるの？

Since I was a child.
(スィンス アイワザ チャイウ)
子供の頃からニャン

Key Words

park：〈名〉公園
musical instrument：〈名〉楽器
since：〈接〉〜して以来
child：〈名〉子ども
piano：〈名〉ピアノ

drink

Don't drink too much.

飲みすぎないでね

27 drink　ドゥリンク　飲む

液体を飲み込む行為を強調する動詞。「薬を飲む」は「take medicine」と表現し「drink」は使わない。

Will you have cream in your coffee?
(ウィルユー　ハヴ　クリーミンヨア　カフィ)
コーヒーにクリームを入れますか

No, I drink my coffee black.
(ノウ　アイ　ドゥリン　マイカフィ　ブラック)
いや、ブラックで飲むニャン

What do you drink at home?
(ワッ　ドゥユ　ドゥリンカッ　ホウム)
家では何を飲みますか

I usually drink beer.
(アイ　ユージュアリー　ドゥリン　ビア)
普段はビールを飲むニャン

What do you want to drink?
(ワッ　ドゥユ　ワントゥー　ドゥリン)
何が飲みたい？

I want to drink some coke.
(アイワントゥー　ドゥリンサム　コウク)
コーラが飲みたいニャン

Key Words

cream：〈名〉クリーム
usually：〈副〉普段は、いつもは
beer：〈名〉ビール
coke：〈名〉コーラ

meet

When can we meet?

いつ会える？

28 meet　ミートゥ　会う

初めて会う場合には meet、2度目以降は see と使い分ける。

Nice to meet you.
(ナイストゥーミーチュー)
初めまして

Nice to meet you, too.
(ナイストゥーミーチュー　トゥー)
こちらこそ初めましてニャン

Have we met before?
(ハヴウィ　メッ　ビフォー)
以前、お会いしましたか？

Yes, I think I have met you somewhere.
(イエス　アイスィンク　アイハヴ　メッチュー　サムウェア)
ええ、どこかで会ったような気がするニャン

Nice meeting you.
(ナイス　ミーティン　ユー)
お会いできて良かったです

Nice meeting you, too.
(ナイス　ミーティン　ユー　トゥー)
こちらこそ会えて良かったニャン

Key Words

~,too：〈副〉〜もまた
before：〈副〉以前
somewhere：〈副〉どこかで

smell

I smell something burning.

なにか焦げ臭いよ

29 smell

スメル　匂う

「匂いをかぐ」と「〜の匂いがする」という意味がある。

Do you smell something good?
(ドゥユ　スメウ　サムスィン　グッ)
何かいい匂いしない？

Yes, my mother is cooking beef stew.
(イエス　マイマザー　イズ　クッキン　ビーフ　ステュー)
はい、母がビーフシチューを作ってるニャン

How does it smell?
(ハウ　ダズィッ　スメウ)
どういう匂いがするの？

It smells sweet.
(イッ　スメル　スウィー)
甘い匂いだニャン

What do you like about her?
(ワッ　ドゥユ　ライカバウ　ハー)
彼女のどこが好き？

I love her smell.
(アイ　ラヴ　ハースメウ)
彼女の匂いが大好きニャン

Key Words

something：〈名〉何か
cook：〈動〉料理する
beef stew：〈名〉ビーフシチュー
sweet：〈形〉甘い、甘美な

bite

Stop biting your nails!

爪を噛むのはやめなさい！

30 bite

バイトゥ　噛む

bite は bite – bit – bitten と活用する。「What's biting you?」で「何を心配しているの？」の意味で使う。

What's biting you?
(ワッツ　バイティン　ユー)
何を悩んでいるニャン？

My cat is missing.
(マイ　キャッ　イズ　ミッスィン)
うちのネコが行方不明なの

Does this dog bite?
(ダズ　ディス　ダッグ　バイ)
この犬は噛みますか？

No, it never bites.
(ノウ　イッ　ネヴァ　バイツ)
いいえ、絶対に噛まないニャン

What's wrong with your paws?
(ワッツ　ロン　ウィズヨア　パーズ)
脚はどうしたの？

I was badly bitten by mosquitoes last night.
(アイワズ　バッドゥリ　ビトゥン　バイ　モスキードウズ　ラスナイ)
昨夜、蚊にひどく刺されたニャン

Key Words

missing：〈形〉行方不明の
look ~：〈動〉~のように見える
badly：〈副〉ひどく
mosquito：〈名〉蚊
last night：〈副〉昨夜

roll

Ready to roll?

準備はいいかい？

31 roll ロウル 転がる

車輪が回るように、コロコロ、クルクル回るイメージを表す。

Why are you scared?
(ワイ アーユー ス**ケ**アー)
なんで怖がっているの？

Thunder is rolling in the distance.
(**サ**ンダー イズ **ロ**ウリン インザ **ディ**スタンス)
遠くで雷が鳴っているからニャン

Will you please roll the ball to me?
(ウィルユー プリーズ **ロ**ウル ザ**ボ**ー トゥー**ミ**ー)
僕にボールを転がしてくれニャン

With pleasure.
(ウィズ プ**レ**ジャー)
喜んで

What did you eat for breakfast?
(**ワ**ッ ディジュ **イ**ーフォー ブ**レ**ックファス)
朝食に何を食べた？

I had a bread roll and fried eggs.
(アイ ハダ ブ**レ**ッロウラン フライ**デ**ッグズ)
ロールパンと目玉焼きニャン

Key Words

thunder：〈名〉雷
distance：〈名〉距離
With pleasure.：〈熟〉喜んで

Will you (please) ~?
：〈熟〉~しくれますか？
for breakfast：〈熟〉朝食に

hide

Hide under the desk.

机の下に隠れなさい。

32 **hide** | ハイドゥ | 隠れる、隠す

「物を隠す」場合にも「隠れる」場合にも使う。hide-hid-hidden と活用する。

Where are my glasses hiding?
(ウェアー マイ グラースィーズ ハイディン)
僕のメガネはどこに行っちゃったんだろう？

You're wearing them on your forehead.
(ユア ウェアリンゼム アンヨア フォリッ)
額にかけてるニャン

Where are you hiding?
(ウェアー ユー ハイディン)
どこに隠れているの？

I'm behind the curtains.
(アイム ビハイン ザ カートゥン)
カーテンの後ろニャン

Let's play hide-and-go-seek in the park.
(レッツ プレイ ハイダンゴウスィーキンザ パーク)
公園でかくれんぼをしよう

That's a good idea.
(ザッツァ グッダイディア)
それはいい考えニャン

Key Words

glasses：〈名〉メガネ
wear：〈動〉身につける
forehead：〈名〉額
behind~：〈前〉~の後ろに
curtain：〈名〉カーテン
hide-and-go-seek：〈名〉かくれんぼ

gather

Gather round!

全員集合!

33 gather　ギャザー　集まる、集める

人や物を適当にかき集める。転じて「推測する」という意味もある。

Why did you break up with your girlfriend?
(ワイ ディジュ ブレイカッ ウィズ ヨア ガーウフレン)
どうして彼女と別れたの？

I don't know. She just gathered her things together and left.
(アイ ドゥンノウ シージャス ギャザーハー スィングズ トゥギャザー アン レフ)
わかんない、身の回りのものをまとめて出て行っちゃったニャン

What time shall we gather there?
(ワッタイム シャウィー ギャザー ゼア)
そこに何時に集まればいいの？

At three o'clock.
(アッ スリー オクロッ)
3時ニャン

She won't come today.
(シー ウォウン カム トゥデイ)
今日、彼女は来ないニャ

So I gather.
(ソウ アイ ギャザー)
そうだろうね

Key Words

- break up：〈熟〉別れる、解消する
- girlfriend：〈名〉彼女、ガールフレンド
- together：〈副〉一緒に、合わせて
- left：〈動〉leave（去る）の過去形・過去分詞形
- won't：〈助〉～しない（will notの短縮形）

share

Let's share the cake together.
みんなでケーキを分けよう

34 share シェア シェアする、共有する

「料理をシェアする」は「分け合う」、「シェアハウス」は家を何人かで「共有する」の意味となる。

Would you like to share my umbrella?
(ウッジュ ライクトゥー シェアマイ アンブレラ)
私の傘に入りませんか

Thank you.
(センキュー)
ありがとニャン

Let's share the pizza, shall we?
(レッツ シェアザ ピッツァ シャウィ)
ピザをみんなでシェアしようか

Yes, let's
(イエス レッツ)
うん、そうしようニャン

Do you live in an apartment alone?
(ドゥユ リヴィンナパートゥメン アロウン)
一人でアパートに住んでるの？

No, I share it with my friend.
(ノウ アイシェアイッ ウィズ マイ フレン)
いや、友達とシェアしてるニャン

Key Words

umbrella：〈名〉傘
apartment：〈名〉アパート
alone：〈副〉一人で

Let's 〜, shall we?
：〈熟〉〜しましょうか？

surprise

Don't surprise me.

びっくりさせないでよ

35 surprise サプライズ びっくりさせる

「You always surprise me.」は「I'm always surprised by you.」と表現しても OK。

How was your trip?
(ハウ ワズ ユア トゥリップ)
旅行はどうだった？

I was surprised to see so many Japanese people there.
(アイワズ サプライズトゥ スィー ソウメニ ジャパニーズ ピーポー ゼア)
日本人がたくさんいるのに驚いたニャン

I read 30 books in a month.
(アイ レッ サーディー ブックス イナマンス)
1か月に30冊本を読んだよ

Wow, you always surprise me.
(ワーオ ユー オールウェイ サプライズ ミー)
うわー、君にはいつも驚かされるニャン

I finally got married last month.
(アイ ファイナリー ガッ メアリー ラースマンス)
先月、とうとう結婚したよ

Congratulations! What a surprise!
(コングラチュレイションズ ワッタ サプライズ)
おめでとう！ それはびっくりニャン！

Key Words

- trip：〈名〉旅行、外出
- read：〈動〉読む
- month：〈名〉1カ月
- finally：〈副〉ついに、最後に
- get married：〈熟〉結婚する
- Congratulations!：〈間〉おめでとう
- What a surprise!：〈間〉驚いたな

reach

The package should reach you soon.

荷物がすぐに届くはず

36 **reach** リーチ 届く、着く

「手を伸ばす」がもともとの意味で、転じて、足を延ばすから「〜に到着する」の意味もある。

Can you reach me the book on the desk?
(キャニュ リーチミー ザブック アンザデスク)
机の上の本を取ってくれるかニャン？

Sure. Here you are.
(シュア ヒア ユーアー)
はい、どうぞ

Can you reach the top shelf?
(キャニュ リーチ ザタップ シェルフ)
一番上の棚に手が届きますか

No, I can't. I'm too short.
(ノウ アイキャーン アイム トゥーショー)
いや、届かない。背が低すぎるニャン

How can I reach the hotel from the airport?
(ハウ キャナイ リーチ ザホテウ フロム ズィ エアポー)
空港からホテルまでどうやったら行けますか？

You can get there by bus.
(ユーキャン ゲッゼア バイバス)
バスで行けるニャン

Key Words

desk：〈名〉机
shelf：〈名〉棚
short：〈形〉背が低い
airport：〈名〉空港
by bus：〈熟〉バスで

fight

Let's fight together.

ともに戦おう

37 fight

ファイトゥ | 戦う、喧嘩する

「口論する」という意味もあるが、主に、取っ組み合いの喧嘩や戦いを連想させる動詞。

What are you fighting about with her?
(ワッターユー ファイティンガバウ ウィズ ハー)
彼女と何のことで喧嘩しているの？

About money.
(アバウ マニー)
お金のことニャン

Why is your husband in hospital?
(ワイ イジョア ハズバンディン ハスピタル)
ご主人はどうして入院しているのかニャ？

He is fighting cancer.
(ヒーズ ファイティン キャンサー)
彼は今ガンと闘っています

Don't fight it!
(ドウン ファイティッ)
逆らわないほうがいいよ

Yeah, maybe you're right.
(イエア メイビー ユアライ)
うん、たぶん、君の言うことが正しいニャン

Key Words

husband:〈名〉夫
hospital:〈名〉病院
cancer:〈名〉ガン
maybe:〈副〉たぶん
right:〈形〉正しい

tie

My hands are tied.

僕にはどうしようもないの

38 **tie** タイ 結ぶ、つなぐ

tie の動詞は「結ぶ・つなぐ」、名詞は「ネクタイ」の意味も持つ。

Should I wear my tie to the party?
(シュダイ ウェアマイ タイトゥーザ パーティー)
パーティーにネクタイをしないといけないかな？

No, you don't have to.
(ノウ ユードウン ハフトゥ)
いや、そんな必要はないニャン

What was the result of the game?
(ワッ ワズザ リザルタヴ ザゲイム)
試合の結果はどうだった？

Japan tied with Italy.
(ジャパン タイウィズ イタリー)
日本はイタリアと引き分けたニャン

Do you want to come to my house for dinner?
(ドゥユ ワントゥ カムトゥ マイハウス フォーディナー)
食事をしに私の家に来ない？

Sorry, I can't. I'm tied to my home because of my baby.
(サーリー アイキャーン アイム ターイトゥマイ ホウム ビコーザヴ マイ ベイビー)
ごめん、行けない。赤ちゃんがいるので家から出られないニャン

Key Words

don't have to~
:〈助〉〜する必要はない
result :〈名〉結果

Italy :〈名〉イタリア
Do you want to ~?
:〈熟〉〜しない？

follow

Follow me.

僕についてきて

39 follow　ファロウ　後に続く

「後に続く」から転じて、「従う」や「理解する」の意味でも使われる。

Could you tell me the way to the station?
(クッジュー テルミー ザウェイ トゥー ザステイション)
駅までの道を教えてくれますか

Follow this street, and you'll find it on your right.
(ファロウ ディス ストゥリー アン ユール ファインディッ アンユア ライ)
この道を行けば右手にあるニャン

Are you following me?
(アーユー ファロウイン ミー)
言っていることわかってる？

No, I'm afraid not.
(ノウ アイム アフレイ ナッ)
いや、わかってないニャン

Follow me no matter what happens.
(ファロウミー ノウマター ワッ ハプンズ)
何があっても僕についてきて

OK, I will.
(オウケイ アイ ウィル)
はい、ついて行くニャン

Key Words

tell：〈動〉教える、言う
the way to ~：〈熟〉~への道
station：〈名〉駅
right：〈名〉右

I'm afraid not.：〈熟〉前の文を受けて「そうじゃないと思う」
no matter what happens
：〈熟〉何が起こっても

steal

My bag was stolen.

僕のバッグ、盗まれた

40 steal　スティール　盗む

「物を盗む」と「盗みをする」という意味で使う。活用形は steal – stole – stolen。

Where did you get this fish?
(ウェア　ディジュ　**ゲッ**　ディス　**フィッ**シュ)
この魚どこで手に入れたの？

I stole it from the market.
(アイ　**ス**トウリッ　フラムザ　**マ**ーケッ)
市場から盗んできたニャン

Didn't I tell you not to go to the market?
(ディドゥンタイ　**テ**ルユー　**ナッ**　トゥー　ゴウ　ト　ゥーザ　**マ**ーケッ)
市場には行かないように言わなかった？

I'm sorry. I'll never steal again.
(アイム　**サ**ーリー　アイル　**ネ**ヴァ　スティーラ**ゲ**ン)
ごめん、もう二度と盗みはしないニャン

You look sad.
(**ユ**ールッ　**サ**ードゥ)
悲しそうだね

Yeah, I had my wallet stolen on the train.
(イエア　アイハッ　マイ　**ワ**レッ　ス**ト**ウルン　アンザ　トゥ**レ**イン)
うん、電車で財布を盗まれたニャン

Key Words

market：〈名〉市場
again：〈副〉再び、また
sad：〈形〉悲しい

wallet：〈名〉財布
train：〈名〉電車

run

I'm afraid I must run.

もう行かなくちゃ

41 run
ラン　走る

「走る」という意味の他に、「経営する」という意味もある。

How often do the buses run?
(ハウ **ア**フン　ドゥーザ　**バ**スィズ　**ラ**ン)
バスはどれくらいの頻度で出ていますか

Every 15 minutes.
(**エ**ヴリ　フィフ**ティ**ーン　**ミ**ニッツ)
15分置きに出てるニャン

In how many seconds can you run 100 meters?
(イン　ハウメニ　**セ**カンヅ　キャニュ　**ラ**ン　ワンハンドゥ
レッ　**ミ**ーターズ)
何秒で100メートルを走れる？

I can run it in 11 seconds.
(アイ　キャン　**ラ**ニッ　イン
イ**レ**ヴン　**セ**カンヅ)
11秒で走れるニャン

What is your father's job?
(**ワ**ッツ　ユア**ファ**ーザーズ　**ジョ**ブ)
あなたのお父さんの仕事は何ですか

He runs a factory in the suburbs of Tokyo.
(ヒー　**ラ**ンズァ　**ファ**クトゥリー　インザ　**サ**バーブ
ゾブ　**ト**ウキョウ)
父は東京の郊外で工場を経営しているニャン

Key Words

often：〈副〉しばしば　　　　　factory：〈名〉工場
job：〈名〉仕事
suburbs：〈名〉郊外

take

Take it easy!

気をつけてね！

42 **take** テイク 持っていく／取る

「持っていく（連れていく）」の意味では、行先を表す前置詞の to を一緒に使うことが多い。

What made you late?
(ワッ メイジュー レイ)
どうして遅刻しましたか？

Sorry, I took the wrong train.
(サーリー アイ トゥック ザロン トゥレイン)
ごめんなさい、違う電車に乗ってしまったニャン

Where to?
(ウェア トゥ)
どちらまで？

Take me to this address, please.
(テイク ミー トゥ ディス アドゥレス プリーズ)
この住所のところまでニャン

Do we have to hurry?
(ドゥーウィー ハフトゥー ハリー)
急がなくてはいけないかニャ？

No, take your time.
(ノウ テイク ヨア タイム)
いいえ、ごゆっくりどうぞ

Key Words
late：〈形〉遅い、遅れて
address：〈名〉住所
hurry：〈動〉急ぐ

Take your time.
：〈熟〉ごゆっくりどうぞ

enjoy

Enjoy yourself!

楽しんでね！

43 enjoy インジョイ 楽しむ

enjoy ~ing の形で「~を楽しむ」という意味となる。
「have a good time ~ing」も同意。

Do you play any sports?
(ドゥ ユー プレイ エニー ス**ポ**ーツ)
何かスポーツをしますか？

Yes, I enjoy playing tennis every weekend.
(イエス アイ インジョイ プレイン **テ**ニス エヴリ **ウィ**ーケン)
はい、毎週末にテニスを楽しんでいるニャン

I enjoyed talking to you.
(アイ インジョイ **タ**ーキン トゥ ユー)
お話しできて楽しかったです

Me, too.
(ミー**トゥ**ー)
僕もニャン

How was your trip to Hawaii?
(ハウ ワズ ヨア トゥ**リ**ップ トゥー ハ**ワ**アイ)
ハワイ旅行はどうでしたか？

I really enjoyed myself there.
(アイ **リ**ァリ インジョーイ マイセウフ ゼア)
本当に楽しかったニャン

Key Words

sport：〈名〉運動、スポーツ
tennis：〈名〉テニス
talk：〈動〉話す

every weekend：〈副〉毎週末

clean

Come clean.

白状しなさい

44 **clean** クリーン きれいにする、きれいな

「きれいにする」という動詞の他に、「きれいな」という形容詞としても使う。

Will you help me clean the room?
(ウィルユー ヘウプミー クリーン ザルーム)
部屋の掃除、手伝ってくれる？

Sure.
(シュア)
わかったニャン

Did you already clean your teeth?
(ディジュー オーレディー クリーン ユア ティース)
もう歯を磨いた？

No, not yet.
(ノウ ナッ イェッ)
いや、まだニャン

What is your mother like?
(ワッティズ ユア マザー ライク)
あなたのお母さんはどんな人ですか？

She is always clean and tidy.
(シーズ オールウェイズ クリーン アン タイディー)
いつも身ぎれいできちんとした服装をしているニャン

Key Words

already：〈副〉すでに
teeth：〈名〉tooth(歯)の複数形
not ~ yet：〈副〉まだ~ない
like ~：〈前〉~のような
tidy：〈形〉きちんとした、小ぎれいな

love

I **love** it when you smile.

君の笑顔が大好き

45 | love | ラブ | 愛する、愛

like(好き)よりも意味が強く、「大好き」の意味で使う。

What is your favorite vegetable?
(ワッ イズ ヨア フェイヴァリッ ヴェジタボー)
大好きな野菜は何ですか？

I love carrots.
(アイ ラヴ キャロッツ)
ニンジンが大好きニャン

Won't you come over to my place tonight?
(ウォウンチュー カモウヴァー トゥ マイ プレイス トゥナイ)
今夜、うちに来ない？

Oh, I'd love to.
(オウ アイドゥラヴトゥー)
行きたいニャン

Did you marry him for money?
(ディジュ メアリー ヒム フォー マニ)
お金目当てで彼と結婚したの？

No, I married him for love.
(ノウ アイ メアリーディム フォー ラヴ)
いや、好きだからニャン

Key Words

vegetable：〈名〉野菜
carrot：〈名〉ニンジン
Won't you ~?：〈熟〉~しませんか？
place：〈名〉場所(my place で「私の家」)
tonight：〈副〉今晩
money：〈名〉金、通貨

call

Call the police!

警官を呼んで！

46 call

コール | 呼ぶ、電話する

call+人（物）+〜の形で、「人（物）を〜と呼ぶ」の意味になる。

Where are you going?
(ウェアーユー ゴウイン)
どこに行くの？

Nature is calling me.
(ネイチャー イズ コーリン ミー)
トイレに行くニャン

What do you call this plant in Japanese?
(ワッ ドゥユ コー ディス プランティン ジャパニーズ)
この植物を日本語で何といいますか

We call it "saboten."
(ウィー コーリッ サボテン)
サボテンと呼ぶニャン

Who's calling?
(フーズ コーリン)
どちら様ニャン？

This is Lucy.
(ディス イズ ルースィー)
こちらルーシーよ

Key Words

nature：〈名〉自然　　　　　　　　plant：〈名〉植物
Nature is calling me.
：〈熟〉トイレに行く（自然が私を呼んでいる）

94

lose

You lose!

あなたの負け！

47 **lose**　ルーズ　失う

I've lost my passport. はパスポートを失くして、困っていることを表す。

Are you in trouble?
(アーユー イン トゥラボー)
何か困っているの？

I've lost my passport.
(アイヴ ロース マイ パースポー)
パスポートを失くしちゃったニャン

I'm sorry to hear that.
(アイム サーリー トゥ ヒアザッ)
それは困りましたね

Which team lost the game?
(ウィッチ ティーム ロースザ ゲイム)
どっちのチームが試合に負けましたか？

The Giants did.
(ザ ジャイアンツ ディッ)
ジャイアンツニャン

Why are you late?
(ワイ アーユー レイ)
なぜ遅刻しましたか？

I got lost on the way.
(アイ ガッ ロースタンザ ウェイ)
途中で迷子になったニャン

Key Words

in trouble：〈熟〉困っている
passport：〈名〉パスポート、旅券
get lost：〈熟〉迷子になる
on the way：〈熟〉途中で

speak

I wasn't speaking to you.

口をはさまないで

48 speak　スピーク　話す

言語を話したり、言葉を発する意味だけでなく、内容のある話をすることも表す。

I'd like to speak to Mr. Smith.
(アイ ライク トゥー スピー トゥー ミスター スミス)
スミスさんをお願いするニャ

Speaking.
(スピーキン)
私です

How many languages can you speak?
(ハウ メニー ラングウェジズ キャニュー スピーク)
何か国語を話せますか？

Four languages, including English.
(フォー ラングウェジズ インクルーディン イングリッシュ)
英語を含めて4か国語ニャ

Speaking of dates, are you still seeing her?
(スピーキンガヴ デイツ アーユー スティウ スィーン ハー)
デートと言えば、まだ彼女と付き合ってますか？

Yeah, we're getting along well.
(イエア ウィア ゲディン アローン ウェウ)
うん、うまくやっているニャ

Key Words

language：〈名〉言語、外国語
including ~：〈前〉~を含めて
speaking of ~：〈熟〉~と言えば
still：〈副〉まだ、今までどおり
see：〈動〉会う、付き合う
get along well：〈熟〉うまくやる

drive

Don't drink and drive.

飲んだら運転するな

49 drive ドゥライヴ 運転する

「車を運転する」の場合、「drive a car」もしくは「drive」単独のどちらでもOK。

Can you drive?
(キャニュー ドゥライヴ)
車を運転できますか？

No, I can't.
(ノウ アイ キャーン)
いいえ、できないニャン

Which side of the road do you drive on in your country?
(ウィッチ サイダヴ ザロウドゥユ ドゥライヴァン イニョア カントゥリ)
あなたの国で車は道路のどちら側を走りますか？

On the left side.
(アンザ レフサイ)
左側ニャン

How do you commute to work?
(ハウ ドゥユー カミュートゥー ワーク)
どうやって通勤してるの？

I drive to the office.
(アイ ドゥライヴ トゥー ズィ アフィス)
車通勤ニャン

Key Words
side：〈名〉側、面
country：〈名〉国、祖国
commute：〈動〉通勤する、通学する
office：〈名〉会社、事務所

look

Look what you're doing.

君のしていることを見てみなよ

50 look ルック 見る / ～のように見える

意識して視線を一か所に向けることで、対象物を表すときは、「look at~」とする。

What are you looking for?
(ワッターユー ルッキン フォー)
何を探しているのですか？

I'm looking for a present for my wife.
(アイム ルッキン フォーア プレズン フォー マイ ワイフ)
妻へのプレゼントを探しているニャン

How do I look in this dress?
(ハウ ドゥーアイ ルッキク ディス ドゥレス)
このドレスどう？

You look great.
(ユー ルッ グレイ)
似合うニャン

What are you looking at?
(ワッターユー ルッキンアッ)
何を見てるの？

I'm not looking at anything.
(アイム ナッ ルッキンアッ エニスィン)
何も見てないニャン

Key Words

look for ~ :〈熟〉〜を探す
wife :〈名〉妻
present :〈名〉プレゼント、土産
dress :〈名〉ドレス、ワンピース
not ~ anything :〈熟〉何も～ない

think

Who do you think you are?

何様だと思ってるの？

51 think スィンク 思う、考える

「~のことはどう思いますか」は、How ではなく What を使い「What do you think of~?」となる。

What are you thinking about?
(ワッターユー スィンキン アバウ)
何を考えているの？

I'm thinking about my boyfriend.
(アイム スィンキン アバウ マイ ボーフレン)
彼氏のことを考えているニャン

Will she come to the meeting?
(ウィル シー カム トゥー ザ ミーティン)
彼女は会議に参加すると思う？

I think so.
(アイ スィンク ソウ)
そう思うニャン

What do you think of him?
(ワッ ドゥユ スィンガヴ ヒム)
彼のことどう思う？

I think he's a nice guy.
(アイ スィンク ヒーザ ナイス ガイ)
いい人だと思うニャン

Key Words

think about~:〈熟〉~のことを考える
boyfriend:〈名〉ボーイフレンド、彼氏
meeting:〈名〉会議
guy:〈名〉男、やつ

rain

Rain, rain, go away!
明日天気になあれ！

52 rain レイン 雨が降る

「雨が降っている」なら「It's raining.」「It's rainy.」のどちらかになる。

Looks like rain.
(ルックス ライク レイン)
雨が降りそう

Then, we'd better take an umbrella.
(ゼン ウィーベダー テイカナンブレラ)
じゃあ、傘をもって行ったほうがいいニャン

How is the weather outside?
(ハウ イズ ザ ウェザー アウサイ)
外の天気はどう？

It's raining cats and dogs.
(イッツ レイニン キャッツ アン ダッグズ)
土砂降りの雨だニャン

Did you watch today's weather forecast?
(ディジュ ワッチ トゥデイズ ウェザー フォアキャス)
今日の天気予報見た？

Yeah, it said it will stop raining this afternoon.
(イエア イッ セッ イッ ウィル スタップ レイニン ディス アフタヌーン)
うん、午後から雨が止むって言っていたニャン

Key Words

look like ~：〈熟〉～のように見える
rain cats and dogs：〈熟〉土砂降りに降る、豪雨になる
weather forecast：〈熟〉天気予報
stop ~ ing：〈熟〉～するのをやめる
this afternoon：〈副〉今日の午後

carry

You **carry** your joke too far.

冗談にも程があるでしょう

53 carry

キャリー　運ぶ

パスポートや荷物などを「持ち歩く」場合は、carry を使う。

Let me carry your baggage.
(レッミー　**キャ**リ　ユア　**バ**ゲッジ)
お荷物を運びましょう

Oh, thank you.
(**オ**ウ　**セ**ンキュー)
まあ、ありがとニャン

How many passengers can this plane carry?
(ハウメニー　**パ**ッセンジャーズ　キャン　ディス　プレイン　**キャ**リー)
この飛行機は何人乗れますか？

About 500 passengers.
(アバウ　**ファ**イヴ　**ハ**ンドゥレッ　**パ**ッセンジャーズ)
約500人ニャン

Must I always carry my passport with me?
(マスタイ　**オ**ールウェイズ　**キャ**リ　マイ　**パ**ースポー　ウィズミー)
常にパスポートを持ち歩いていなければいけませんか？

No, you don't have to.
(ノウ　ユー　**ド**ウン　**ハ**フトゥ)
いや、その必要はないニャン

Key Words

baggage：〈名〉(手)荷物
passenger：〈名〉乗客
plane：〈名〉飛行機

108

read

Do you read me?

僕の言うことわかる？

109

54 **read** リードゥ 読む

活用形は read – read [red] – read [red]（発音に注意が必要）。

Can you read Japanese?
(キャニュ リー ジャパニーズ)
日本語を読めますか

Yes, I can read kanji.
(イエス アイ キャン リー カンジ)
はい、漢字が読めるニャン

What kind of books do you read?
(ワッ カインダヴ ブックス ドゥユ リー)
どんな種類の本を読む？

I read detective stories.
(アイ リー ディテクティヴ ストーリーズ)
推理小説を読むニャン

Do you read business books?
(ドゥユ リー ビズィネス ブックス)
ビジネス書は読む？

No, I don't read business books at all.
(ノウ アイ ドウン リー ビズィネス ブックサドー)
いや、ビジネス書は全然読まないニャン

Key Words

kind：〈名〉種類、族、種
detective story：〈熟〉推理小説、探偵小説
business books：〈名〉ビジネス書

use

Use your head!
ちゃんと考えなさい！

55 use　ユーズ　使う

移動して"使う"場合、「use」は使えず、「borrow（借りる）」を使う。

Can I use free Wi-Fi here?
(キャナイ ユーズ フリー ワイファイ ヒア)
ここでWi-Fiが使えますか？

Yes, you can use it in the lounge.
(イエス ユーキャン ユーズィッ インザ ラウンジ)
はい、ラウンジで使えるニャン

Do you mind if I use this computer?
(ドゥユ マイン ディファイ ユーズ ディス コンピューター)
このパソコンを使ってもいい？

Sure, you can use it any time.
(シュア ユーキャン ユーズィッ エニタイム)
ええ、いつでも使っていいニャン

May I use the restroom?
(メイアイ ユーズ ザ レス ルーム)
トイレを借りてもいいかニャ？

Sure, go ahead.
(シュア ゴウ アヘッ)
ええ、どうぞ

Key Words

lounge：〈名〉ラウンジ、待合室
Do you mind if I ~ ?
：〈熟〉～してもいいですか
computer：〈名〉パソコン

any time：〈副〉いつでも、常に
go ahead
：〈熟〉（相手を促して）さあどうぞ

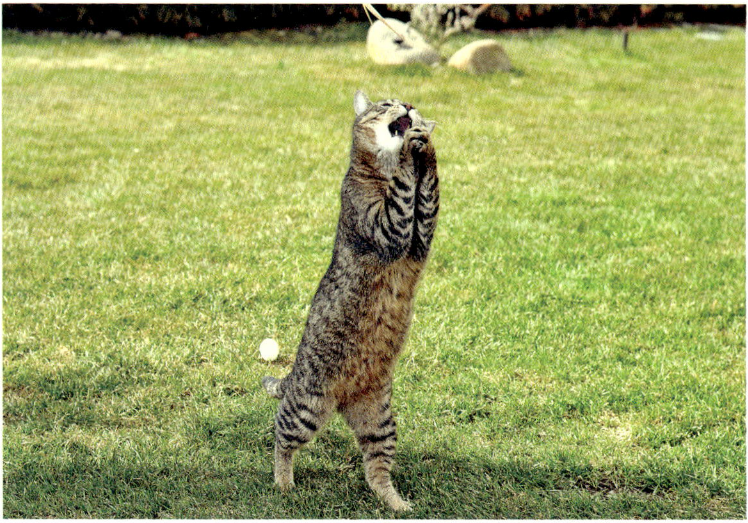

wait

I can't wait.

待ちきれない

56 **wait** ウェイトゥ 待つ

レストランで客の世話をするウェイター (waiter) は「客に仕える人」の意味になる。

Sorry to have kept you waiting.
(サーリー トゥ ハヴケプチュー ウェイティン)
お待たせいたしました

That's all right.
(ザッツ オーライ)
いいんだニャン

Are you being waited on?
(アーユー ビーン ウェイティダン)
ご注文を承っていますか？

Yes, I already ordered curry and rice.
(イエス アイ オールレディー オーダー カーリー アン ライス)
はい、もうカレーライスを注文したニャン

How long do I have to wait?
(ハウロン ドゥーアイ ハフトゥ ウェイ)
待ち時間はどれくらいかニャ？

About an hour.
(アバウ アナウア)
約1時間

Key Words

kept：〈動〉keepの過去形・過去分詞
keep+人+～ingで「人に～させ続ける」
order：〈動〉注文する、命令する

wait on～
：〈熟〉～に仕える、(客に)応対する
curry and rice：〈名〉カレーライス

keep

Keep it up!

その調子で頑張って！

57 keep　キープ　保つ

ある状態に保つことが原義で、「保管する」「持っている」「守る」などの意味で使う。

Will you keep my baggage until 3 o'clock?
(ウィルユー キー マイ バゲッジ アンティル スリー オクロッ)
3時まで荷物を預かってもらえるかニャ？

Certainly, sir.
(サートゥンリー サー)
かしこまりました

Can you keep a secret?
(キャニュ キーパ スィークリッ)
秘密を守れる？

Of course, I can. I'll never tell it to anybody.
(オフコース アイ キャン アイルネヴァー テリッ トゥエニバディ)
もちろん！　誰にも言わないニャン

Keep the change.
(キープ ザ チェインジ)
お釣りは取っておいてニャン

Thank you very much.
(センキュー ヴェリ マッチ)
ありがとうございます

Key Words

until ~：〈前〉～まで、～になるまで
certainly：〈副〉承知しました、もちろんです
secret：〈名〉秘密
sir：〈名〉(目上の男性に向かって)あなた、先生、お客さん
change：〈名〉釣り銭、小銭

hold

Hold it!

ちょっと待って！

58 hold

ホウルドゥ / 押さえる、催す

keep と同様「ある状態に保つ」こと（手で押さえつけるイメージ）。

May I speak to Helen, please?
(メイアイ スピーク トゥー ヘレン プリーズ)
ヘレンさんをお願いするニャン

Yes, hold on, please.
(イエス ホウルダン プリーズ)
はい、少々お待ちください

When are you going to hold the conference?
(ウェン アーユー ゴウイン ホウル ザ カンファレンス)
会議はいつ行うのかニャ

On March 11.
(アン マーチ イレヴンス)
3月11日です

Can you hold me tight?
(キャニュ ホウルミー タイ)
抱きしめてくれるかニャ？

What do you mean? Are you kidding me?
(ワッ ドゥユ ミーン アーユ キディン ミー)
どういうこと？　からかっているの？

Key Words

hold on：〈熟〉〈電話を〉切らずに待つ
conference：〈名〉会議
tight：〈副〉しっかりと、きつく
mean：〈動〉意味する
kid：〈動〉からかう

118

up

Coming up soon!

近日公開！

59 **up** アップ 上に

「What's up?」は、下から何か沸き起こるイメージで、何か変わったことがないかを尋ねる表現。

What's up?
(ワッツ アップ)
どうしてるかニャ？

I've been pretty good.
(アイヴ ベン プリティー グッドゥ)
かなり調子いいよ

When shall we leave?
(ウェン シャル ウィー リーヴ)
いつ出発するニャ？

It's up to you.
(イッツ アップ トゥーユー)
君に任せるよ

What have you been up to?
(ワッ ハヴユ ベン アップ トゥー)
最近どうかニャ？

Great. I got thee contracts in a week.
(グレイ アイ ガッ スリー カントゥラクツ イナウィーク)
1週間で3つ契約を取ったよ

Key Words

pretty：〈副〉かなり
good：〈形〉元気な、調子がいい
leave：〈動〉出発する
It's up to you.：〈熟〉あなたに任せます
contact：〈名〉契約
in a week：〈熟〉1週間で

down

You look a little down.

ちょっと元気ないみたいだね

60 **down** ダウン 下に

上から下への動きを表し、物事が下降傾向にあることや、中心から離れていくイメージを表す。

What's wrong with your computer?
(ワッツロン ウィズ ユア コンピューター)
君のパソコンどうかしたの？

It's down.
(イッツ ダウン)
故障してるニャン

Is there a subway station near here?
(イズ ゼア ア サブウェイ ステイション ニア ヒア)
この近くに地下鉄の駅はあるかニャン？

Go down this street for five minutes, and you'll find it on your right.
(ゴウ ダウン ディストゥリー フォー ファイヴ ミニッツ アン ユール ファインディッ アンニョア ライ)
この通りを5分行くと右手にあります

Where's my seat?
(ウェアーズ マイ スィー)
私の席はどこかニャ？

Down this aisle to your right.
(ダウン ディサイル トゥーヨア ライ)
この通路の右側です

Key Words

What's wrong with~?
:〈熟〉~はどうしたのですか

near here:〈熟〉この近くに

go down ~:〈熟〉~の先を行く
street:〈名〉通り
aisle:〈名〉(劇場・飛行機などの)通路

off

Hands off.

触らないで

61 **off** — オフ — 離れて

本来くっついている物が取れて離れるイメージを表す。

What's happened to your leg?
(ワッツ ハプン トゥーヨア レッグ)
脚、どうしたの？

I fell off a ladder.
(アイ フェラファ ラダー)
はしごから落ちちゃったニャン

Do you have any plans for this weekend?
(ドゥユ ハヴ エニ プランズ フォー ディス ウィーケン)
今週末の予定は何かある？

I'm off to Hokkaido.
(アイム オフ トゥ ホッカイドウ)
北海道に行くニャン

Can you make it 50% off?
(キャニュ メイキッ フィフティ パーセントフ)
半額にしてくれるかニャ？

I'm afraid we can't.
(アイム アフレイ ウィ キャーン)
あいにくですが、できません

Key Words

fall off ~ :〈熟〉～から落ちる
ladder :〈名〉はしご
plan :〈名〉計画、案

out

Get out of here!

出て行け！

62 out アウトゥ 外に

中から外への移動、または外にある状態を表す。

Why don't we go out for a drink after work?
(ワイ ドウンウィ ゴウ **ア**ウ フォーア ドゥ**リ**ンカフター **ワ**ーク)
仕事の後、飲みに行かない？

I'd like to, but I can't.
(アイ **ラ**イクトゥ バッ アイ **キャ**ーン)
行きたいけど、行けないニャン

I don't feel like cooking this evening.
(アイ **ド**ウン フィーライ **ク**ッキン ディスィーヴニン)
今夜は料理したくない

Then, let's eat out.
(ゼン **レ**ッツ イー**タ**ウ)
じゃあ、外食しよう

I wonder where your mother is.
(アイ **ワ**ンダー ウェア ヨア **マ**ザー イズ)
お母さんはどこかニャ？

She is out. I think she'll be back around 4 o'clock.
(シーズ **ア**ウ アイ スィンク シール ビー **バ**ッカラウン **フォ**ー アクロッ)
外出中です。4時くらいには戻ると思います

Key Words

after work:〈熟〉仕事の後で
feel like~ing:〈熟〉～したい気分
this evening:〈副〉今晩
I wonder where ~:〈熟〉どこに～するのだろう

over

Is it already over?

もう終わり？

63 **over** オウヴァー 上に

ある物の一面を覆っているイメージを表す。

What's your dream for the future?
(ワッチョア ドゥリーム フォー ザ フューチャー)
将来の夢は何かニャ？

My dream is to travel all over the world.
(マイ ドゥリーム イズ トゥ トゥラヴル オール オウヴァ ザ ワール)
僕の夢は世界中を旅行することです

How would you like your eggs?
(ハウ ウジュ ライキョア エッグズ)
卵はどう料理するかニャン？

Over easy, please.
(オウヴァー イーズィー プリーズ)
両面を焼いてください

Come over here. I want you to look at something.
(カム オウヴァ ヒア アイ ワンチュー トゥ ルカッ サムスィン)
こっちまで来て。見てほしいものがあるの

OK, I'm coming.
(オウケイ アイム カミン)
わかった、今行くニャン

Key Words

dream：〈名〉夢
future：〈名〉未来、将来
travel：〈動〉旅行する
all over the world：〈熟〉世界中に
over easy：〈熟〉両面焼き半熟の目玉焼き

away

When the cat is away, the mice will play.

鬼のいぬ間の洗濯

64 away

アウェイ　離れて

ある物から離れて行くイメージを表す。

Who will look after you while your mother is away?
(フー　ウィル　ルッカフター　ユー　ワイル　ヨアマザー　イズ　アウェイ)
お母さんが留守の間、誰があなたの面倒を見るの？

My father will.
(マイ　ファーザー　ウィル)
お父さんがみるニャン

How far away is your office?
(ハウ　ファーラウェイ　イジョア　アフィス)
あなたのオフィスまでどれくらいの距離があるかニャ？

It's more than 2 kilometers from here.
(イッツ　モアザン　トゥ　キラミターズ　フラム　ヒア)
ここから2キロ以上離れています

Put your toys away.
(プッチュアトイズ　アウェイ)
おもちゃを片付けなさい

I'll do it later.
(アイル　ドゥーイッ　レイダー)
あとで、やるニャン

Key Words

look after~：〈熟〉～の面倒を見る
while：〈接〉～する間
more than~：〈熟〉～以上
put ~away：〈熟〉～を片付ける
later：〈副〉あとで

in

Let me in.

中に入れてよ

65 | **in** | イン | 中に

ある物の中にスッポリ包まれたイメージを表す。

Is the boss in?
(イズ ザ バスィン)
社長はいますか？

I'm afraid she's out for lunch.
(アイム アフレイ シーザウ フォー ランチ)
あいにく昼食で外出中だニャン

What color is in this year?
(ワッ カラー イズィン ディス イヤー)
今年の流行りの色は何ですか

It's orange.
(イッツ オーリンジ)
オレンジ色ニャン

When did you decide to be a teacher?
(ウェン ディジュ ディサイ トゥ ビー ア ティーチャー)
いつ教師になろうと決めたのかニャ？

When I was in my mid-twenties.
(ウェナイ ワズィン マイ ミッ トゥウェンティーズ)
20代半ばの頃です

Key Words

this year：〈熟〉今年
decide：〈動〉決める
teacher：〈名〉先生

mid-twenties：〈熟〉20代半ば

on

It's on me.

僕のおごりだよ

66	**on**	オン	上に
	ある物への接触のイメージを表す。接触の場所は上でも下でも横でもOK。		

Do you know where my cat is?
(ドゥユノウ ウェア マイ キャッティズ)
うちのネコ、どこにいるか知ってますか？

Yeah, she's <u>on</u> top of the phone booth.
(イエア シーズ アンタッパヴ ザ フォウンブース)
うん、電話ボックスの上にいるニャン

Can I try this shirt <u>on</u>?
(キャナイ トゥライ ディス シャートン)
このシャツを試着してもいいかニャ？

Sure, there's a fitting room over here.
(シュア ゼアーザ フィティン ルーム オウヴァ ヒア)
ええ、こちらに試着室があります

What's <u>on</u> at this theater?
(ワッツァン アッ ディス スィアダ)
この映画館では今何を上映していますか？

"Superman" is <u>on</u>.
(スーパーマン イズォン)
「スーパーマン」をやっているニャ

Key Words

try ~ on：〈熟〉～を試着する
shirt：〈名〉ワイシャツ、下着
fitting room：〈熟〉試着室
over here：〈熟〉こちらに
theater：〈名〉劇場、映画館

at

Don't shout at me.

怒鳴らないでよ

67 — at　アットゥ　ところに、で、に

ある1点の場所にいるイメージを表す。

What time does school start?
(ワッ**タ**イム ダズ ス**ク**ール ス**タ**ー)
学校は何時に始まるのかニャ？

At 8:30.
(アッ **エ**イ **サ**ーディ)
8時30分です

What time did you arrive at Tokyo Station?
(ワッ**タ**イム ディジュ ア**ラ**イヴァッ **ト**ウキョウ ス**テ**イシャン)
何時に東京駅に着いたの？

At noon.
(アッ **ヌ**ーン)
正午に着いたニャン

Are you good at swimming?
(アーユー グ**ダ**ッ ス**ウィ**ミン)
泳ぎは得意ですか？

No, I can't swim at all.
(**ノ**ウ **ア**イ **キャ**ーン スウィム ア**ド**ー)
いいえ、金づちニャン

Key Words
- start：〈動〉開始する、始める
- arrive at ~：〈熟〉~に着く
- noon：〈名〉正午
- be good at ~：〈熟〉~が得意だ

with

I'll be right with you.

すぐに行きます

68 with

ウィズ　　一緒に

ある物と常に一緒にいる（ある）イメージを表す。

Are you with me?
(アーユー　ウィズミー)
わかりますか？

Yes, I am. I completely agree with you.
(イエス　アイ　アム　アイ　カンプリートゥリ　アグリー　ウィズ　ユー)
はい、わかるニャン。あなたと全く同意見だニャン。

Does this tie go with that jacket?
(ダズ　ディス　タイ　ゴウ　ウィズ　ザッ　ジャケッ)
このネクタイはあのジャケットに合いますか？

No, I don't think so.
(ノウ　アイ　ドウン　スィンク　ソウ)
いや、合わないと思うニャン

How much is this necklace?
(ハウマッチズ　ディス　ネックレス)
このネックレスはいくらニャ？

It's 100 dollars with tax.
(イッツ　ワン　ハンドゥレッ　ダラーズ　ウィズ　タックス)
税込み100ドルです

Key Words

Are you with me?：〈熟〉(言っていることが)わかっていますか

go with~：〈熟〉～に合う

How much~?：〈熟〉～はいくら？
necklace：〈名〉ネックレス
tax：〈名〉税、税金

for

I'm all for your proposal.

あなたの提案に大賛成です

69 | for | フォー | ために、方へ

ある対象に向かうイメージを表す。

What's your occupation?
(ワッチョア アキャペイシャン)
ご職業は何ですか?

I work for an insurance company in Tokyo.
(アイ ワーク フォー アニンシュアランス カンパニーン トウキョウ)
東京の保険会社に勤めているニャン

This is for you, Lucy.
(ディス イズ フォー ユー ルースィー)
これ、ルーシーにあげるニャン

Oh, how nice of you! Can I open it?
(オウ ハウ ナイサヴュー キャナイ オウプニッ)
まあ、ありがとう! 開けてもいい?

What can I do for you, sir?
(ワッ キャナイ ドゥ フォー ユー サー)
何かご用はございませんか?

Just looking.
(ジャス ルッキン)
見ているだけニャン

Key Words

occupation:〈名〉職業
insurance:〈名〉保険
company:〈名〉会社

by

Be here by 5 o'clock.

5時までにはここに来てね

70 **by** | バイ | そばに、まで、よって

ある物の「そば」にいるイメージを表すのが基本的な意味。「手段」「方法」「差」などの意味を表す。

Who is taller, you or your twin brother?
(フー イズ トーラー ユーオア ヨア トゥ**ウィ**ン ブ**ラ**ザー)
あなたと双子の兄弟のどちらの背が高いですか？

I'm taller by 2 inches.
(**ア**イム **ト**ーラー **バ**イ **トゥ** **イ**ンチズ)
私の方が2インチ高いニャン

What time is it by your watch?
(ワッ**タ**イム イ**ズ**ィッ **バ**イ ヨア **ワ**ッチ)
あなたの時計で何時ですか？

It's 2:05.
(イッツ **トゥ** **オウ** **ファ**イヴ)
2時5分だニャン

How did you get here today?
(ハウ ディジュー **ゲ**ッ ヒア トゥ**デ**イ)
今日はここまでどうやって来ましたか？

By train. It was really crowded.
(**バ**イ トゥ**レ**イン イッ**ワ**ズ **リ**アリー ク**ラ**ウディッ)
電車で来たよ。満員だったニャン

Key Words

twin brother：〈熟〉双子の兄弟　　　train：〈名〉電車、列車
inch：〈名〉インチ（2.54センチ）
watch：〈名〉腕時計

142

Profile

清水 建二 Kenji Shimizu

東京都浅草生まれ。上智大学文学部英文学科を卒業後、大手予備校講師、ガイド通訳士、埼玉県立越谷南高等学校、浦和高等学校、川口高等学校などを経て、現在は草加高等学校で教鞭を執る。基礎から上級まで、わかりやすくユニークな教え方に定評がある。著書は、『世界一速く英語脳に変わる本』『48パターンだけですぐに話せる！ 英語ペラペラブック』『たった1500語ですぐに通じる グロービッシュ英単語』(すべて総合法令出版)、シリーズ累計28万部突破の『パターンで話せる 英会話1秒レッスン』、ベストセラー『新編集 語源とイラストで一気に覚える英単語』(成美堂出版)、『《語源》からスイスイ覚える英単語 語尾単(ゴビタン)』(学研プラス)など、60冊以上。『似ている英単語使い分けBOOK』(ベレ出版)は台湾、香港、韓国で翻訳出版され、語学書のロングセラーとなっている。

ねこと一緒に学ぶ 毎日の英会話

2016年9月 4日 初版発行

著者	清水 建二
編集協力	ワイルドさやか
ブックデザイン	土屋 和泉
写真	Shutterstock
発行者	野村 直克
発行所	総合法令出版株式会社
	〒103-0001
	東京都中央区日本橋小伝馬町 15-18
	ユニゾ小伝馬町ビル 9 階
	電話　03-5623-5121
印刷・製本	中央精版印刷株式会社

視覚障害その他の理由で活字のままでこの本を利用出来ない人のために、営利を目的とする場合を除き「録音図書」「点字図書」「拡大図書」等の製作をすることを認めます。その際は著作権者、または、出版社までご連絡ください。

©Kenji Shimizu 2016 Printed in Japan
ISBN978-4-86280-517-1
落丁・乱丁本はお取替えいたします。
総合法令出版ホームページ　http://www.horei.com/

本書の表紙、写真、イラスト、本文はすべて著作権法で保護されています。著作権法で定められた例外を除き、これらを許諾なしに複写、コピー、印刷物やインターネットのWebサイト、メール等に転載することは違法となります。